落ち穂を拾う

福祉と福音

社会福祉法人　ミッションからしだね
理事長

坂岡隆司　著

いのちのことば社

ルツは出かけて行って、刈り入れをする人たちの後について畑で落ち穂を拾い集めた。それは、はからずもエリメレクの一族に属するボアズの畑であった。

（旧約聖書・ルツ記二章三節）

京都市山科区に建つ「からしだね館」。
1階がブックカフェとなっている。地上3階、地下1階建て。

目次◉落ち穂を拾う——福祉と福音

I

Ⅱ

I

愚かさを生きる

京都市の東南、山科の地で、地域で暮らす精神障害者のための福祉施設「からしだね館」を開設して、早くも十五年が経ちました。それ以前の準備期間も含めると、ここまで、およそ十六年の歳月が流れたことになります。

この間、さまざまな出来事に遭遇し、またいろいろなことに挑戦してきました。多くの出会いがあり、別れがありました。福祉を取り巻く社会環境も、この十数年で大きく変化してきたように感じます。

制度や法律の縛りの中で、いかに事業所として維持存続させていくか、いかに「からしだね」らしい実践を重ねていくか、十数年間、日々そんな葛藤や迷い、闘いを繰り返してきました。

そして、その根底のところでは常に、福祉とは何か？　キリスト者が福祉を実践することの意味はどこにあるのか？　と問い続けてきたように思います。とりわけ、キリスト者が行う支援は、キリスト者でない人たちの行う支援とどこがどう違うのか？　という問いは、自らの信仰のありようを探られるものでもあります。

考えてみると、福祉の現場というのは、なんでもない人々の日常の生活の中にあります。日常とはそれこそ、地味で、平凡で、泥臭く、泣いたり笑ったり、喜んだり悲しんだりする、そんな人々の日々の繰り返しのことです。

一方、イエスは「神の国は、あなたがたのただ中にある」と言われました。つまり、イエスのもたらされる「福音」もまた、私たちの日常生活の交わりの中に現されるものであるということであり、ここに、「福祉」とキリストの「福音」を重ね合わせる、何か大切なものが秘められているのではないか、という気がしています。

福音と福祉はどう重なり合うのだろうか。そして、重なり合うことの中にどんな意味があるのだろうか。そんなことを、本書で皆さまとご一緒に考えていけたらと思っています。

＊　＊

ある国政選挙が行われていたとき、職場で選挙のことが話題になりました。国の行く末を決定する重大な事柄が議論の底に沈められたままに、何が問われている選挙なのかが意図的に隠されているような気配を感じる、とある者は言います。

政治家たちのことばの真意がどこにあるのか、汲み取れないままに、投票へと急かされているような気がすると、別の者が言います。

そんな中、からしだね館のある職員が「どうしても我慢ならないことがある」と言うので、話を聞いてみると、「強権的な政治をやっていながら、平気で『愚直』ということばを使う政治家がいる。私は、彼らがどんなことばで自分自身を誉めそやしたとしても、ご自由にやってくださいと思うが、『愚直』だけは許し難い」とのことでした。

政治家が「私は愚直に政治に携わってまいりました」と言った瞬間、この職員の脳裏には、長年にわたり細々と障害者支援ボランティアを続けてきた今年九十歳になるSさんや、礼拝出席者が十人に満たない田舎の教会にとどまり、黙々と牧師を支え続けてきたご高齢のMさんの姿が思い出されたそうです。そして、その働きの水面下にどれほどの苦労があったかということを考えたときに、誉めているんだか貶《おとし》めているんだかわからないことばではあるけれど、お願いだから、「愚直」ということばだけは、この人たちのために残しておいてほしいと思ったそうです。

政治家の「愚直」に怒りを覚え、SさんやMさんの「愚」こそを大切にしたいという職員の直感には、多くの示唆が含まれています。それは、あえて「愚か」という生き方を伴った真実なるものと、生き方の実質が伴わないことばのむなしさとの差なのかもしれません。

「神の知恵により、この世は自分の知恵によって神を知ることがありませんでした。それゆえ神は、宣教のことばの愚かさを通して、信じる者を救うことにされたのです。……ユダヤ人にとってはつまずき、異邦人にとっては愚かなことですが、ユダヤ人であってもギリシア人であっても、召された者たちにとっては、神の力、神の知恵であるキリストです。神の愚かさは人よりも賢く、神の弱さは人よりも強いからです。」

（新約聖書・コリント人への手紙第一、一章二一〜二五節）

このダイナミックな聖書の一節は、キリストの福音を伝えることについて記していますが、私にとってたいへん難解です。

しかし、ことばの本来の意味における「愚かさを生きる」ことの大切さを教えていることだけはわかります。そして、キリスト者こそ愚かであれ、と言っているのだということも。

福祉の仕事にかぎらずどんな仕事でも、あるいは、人はだれでも、人生を生きていくなかで、何を支えにし、何を手掛かりにしていけばよいのだろうか、と考え込むことがあります。また、具体的に何を選択し、どう行動することが最善なのだろうか、とわからなくなることもあります。そのような迷いも、最初に記した私の長年の問いも、この「宣教のことばの愚かさ」「神の愚かさ」の中に求めていけばよいのかもしれないと、今、そう考えています。

「みんな」の問題と「ひとり」の問題

福祉とは、言うまでもなく人々の幸せづくりのことです。「福」も「祉」も、もともと幸せという意味だそうです。

しかし、幸せといっても、それが何を意味するのか、人の考えは必ずしも一様ではありません。自分の考える幸せが、万人の認める幸せであるとはかぎらないわけです。その意味では、福祉とは、きわめて個人的、主観的な要素をもった営みだと言えます。

一方で、福祉は、社会の制度や仕組みの問題でもあります。この場合は、「社会福祉」という言い方をします。もっと広く言えば、福祉は文化や風土に関わる話でもあります。その社会の歴史や成り立ち、時代背景も大いに影響しています。（それで、いつも話はやっかいになります。）

たとえば、憲法二十五条の「健康で文化的な最低限度の生活」とはいったい何か。これは、昔からことあるごとに議論になっています。保護費でパチンコに行くのは是か非か？　海外旅行は認められるか否か？　など。内容は個人的でも、制度ですから、どこかで社会の合意が必要です。

こんなふうに、個人と社会が、「幸せ」をめぐって複雑に関わり、葛藤しているのが実際の福祉だと言えるでしょう。（そう考えると、福祉の仕事とは、じつは、従事する者自身の幸せ観や人生観が問われる、なかなか「重い」仕事です。）

＊　＊

ところで、からしだね館では、さまざまな相談を受けているのですが、あるとき、職員の中で一つのケースが問題になりました。相談の内容は、簡単に言えば、いわゆる恋愛相談です。職員がどこまで仕事としてその相談に関わるべきなのか。それが、相談の内容以上に、議論の対象になりました。

恋愛とは、きわめてプライベートなものです。担当のワーカーの話を聞くかぎりでは、どうも、本人の症状とは特に関係があるようでもなく、スタッフの何人かがそこに引っかかってしまいました。結局、この「相談」にはのらずに、自身で悩んでください、ということで終わったのでした。

このような話が、福祉の現場では、けっこうあるように思います。人が個人で担うべき問題と社会のそれが混ぜこぜにされている、いわば個人と社会の境目があいまいになっているのです。そこをハッキリさせないままの福祉や支援が、今、何となく流行《はや》っているように感じます。

利用者も福祉従事者も、もしかしたら社会全体が、個人を凛《りん》とした輪郭の明らかな存在として認めることに、どこか鈍感になっているのではないか。そこに、今、私たちの社会で行われている福祉に――これだけ精力が注がれているわりには――靄《もや》がかかったようにある不全感の原因があるのでは、と考えるのです。

福祉の世界ではしばしば、つながること、関わることが強調されがちです。本当の意味の「共生社会」にはほど遠い今の時代の現実を見れば、それもよくわかります。それはもちろん大切なのですが、しかし、私たち一人ひとりが背負っている弱さや悩み、その丸ごとすべてが「みんな」の問題ではないということは、とても大事な視点です。人には、他のだれも踏み入ってはならない領域があるというわきまえや恐れ、あるいは矜持《きょうじ》が、支援者にも事業者にも、何よりも福祉の受け手にもなければ、本当の幸せづくりにはならないと思うからです。

＊　＊

昔、我が家の長男が産まれたとき、彼の〝急所〟の写った、まる裸の写真を母に送ったことがありました。そのとき、喜ぶと思った母が、「人には隠しどころというものがある」と言って、ひどく私を叱ったことを思い出します。

何もかもさらけ出すことが、いつでも良いわけではない。もちろん、人の受け取り方はさまざまですが、この出来事がなぜかいつまでも心に残っています。

聖書の福音書を見ると、イエスが、どんなに「個」を大事にされているかということを知ります。「個」は、同時に「孤」です。イエスご自身、しばしば「ひとり」になられました。群衆を離れて「ひとり」になり、愛する者たちに、「ひとり」になることを求められました。

復活されたイエスは、ペテロに対して、「あなたは、わたしに従いなさい」（新約聖書・ヨハネの福音書二一章二二節）と言われました。

姦淫《かんいん》の現場で捕えられた女に対して、イエスは一対一で向き合われました。「あなたがたの中で罪のない者が、まずこの人に石を投げなさい」（同八章七節）とのイエスのことばに、群衆は一人、二人とその場を去っていきます。そして、最後に女だけが残されたのでした。

このとき、イエスは「みんな」の問題を彼女一人の問題にし、さらに群衆一人ひとりに対しても、「みんな」の問題ではなく「あなた」の問題として、この問いを突きつけられたのだと思います。

人はだれでも、ひとり密かにうちに抱えているものをもっています。悩みや苦しみも含めて。それを、「みんな」の問題から切り分けて、その人に返していくことも、もしかしたら福祉の役割なのかもしれません。

あなたの家に帰りなさい

福祉の現場では、支援者《ワーカー》と支援を受ける者《クライエント》との間に、支援する側とされる側、サービスの提供者と利用者という関係が、日常的に生じます。このとき、その関係が、自然で対等なものになっていればよいのですが、時には、そこに変な上下関係が生じたり、あるいは、どこか依存的な関係に陥ったり、ということもあります。この場合、決して良い支援はできません。

良い支援になるかどうかは、ワーカーとクライエントの両者がどういう関係にあるか、にかかっています。そういう意味では、支援とは、支援者と利用者との「協働作業《コラボレーション》」だと言ってよいかもしれません。

からしだね館の職員を見て、おもしろいと思うのは、関わる利用者によって大きく成長させられる時があることです。中には、職員の力を最大限引き出してくれるような、豊かな人間力を感じる利用者がおられます。そういう場合は、制度やサービスの不十分さがあっても、それを補って余りある知恵やアイデアが生み出される、ということがあります。

しかし、またこんなこともあります。支援者が単なる「道具」のように扱われる場合です。

からしだね館の一階部分はカフェになっているのですが、いつかそこに、ヘルパーさん同伴で来た障害者の方がおられました。ご自分は店のメニューを注文されたのですが、ヘルパーさんには持参のお弁当を食べてもらっています。スタッフがおそるおそる声をかけると、怪訝《けげん》な顔で「ヘルパーは道具と思ってください」と、まったく悪びれたようすがありません。

たしかに、対人援助のワーカーはある面「道具」であることは間違いでははないと思います。ですが、それは、人格的な要素をそこからまったく排除するということではないはずで、そこが少々気になりました。

あるいは、支援者との関係に歪んだ意味を見いだし、それに依存する利用者もいます。たとえば、福祉サービスがうまく機能し、問題が解決しそうになると、あえていろいろ理由をつけて終結に向かうのを避けるのです。つまり、問題が解決してしまうと、今まで問題解決のために、一緒に悩んでくれた支援者との関係が薄まるのが怖い、というわけです。これはじつは、支援者にも起こり得ることですが。

こんなふうに、支援者と利用者との関係というのは、なかなか厄介です。

＊　＊

支援者として自らを振り返るとき、私はときどき、聖書に出てくる、悪霊につかれたゲラサ人のことを思い出します（新約聖書・マルコの福音書五章一〜二〇節他）。墓場に住み、裸になって大声を上げ、足かせの鎖を引きちぎってしまうこの人の存在は、人々にとって、恐怖でもあり、迷惑でもあったことでしょう。

そんな彼は、舟から上がってこられるイエスの姿を見つけるや、すぐに駆け寄ってきました。自分の体を傷つけ、凶暴な獣のような暮らしをしていること自体、十分苦しいことだと思いますが、口をついて出てきたことばは、「私を苦しめないでください」でした。

そして、イエスは、だれに頼まれたわけでもないのに、この人から悪霊を追い出してしまいます。憑《つ》きものが落ちて、急におとなしくなってしまったこの人を見て、周囲は、喜ぶでもなく、手を出すでもなく、ただ遠巻きにして、この出来事を怪しんでいるばかりです。正気に戻った彼は、ますますひとりぼっちを痛感したことでしょう。

本質的な問題が解決することで、現実の厳しさに向き合わざるを得なくなる、その一時の〝苦しみ〟を避けるため、無意識のうちに問題から目を背けることが、私たちにはあるのではないでしょうか。

イエスに癒やされたこのゲラサ人は、正気に戻ったとき、本来の厳しい現実と向き合わざるを得なくなったのです。彼は、イエスが立ち去ろうとするのを見て、「お供させてほしい」と願います（直訳では「一緒にいたい」）。しかし、イエスの答えは、「あなたの家、あなたの家族のところに帰りなさい」でした。

＊　＊

からしだね館での就労訓練を経て、新たなステップに飛び立っていった人たちがいます。毎日のように顔を合わせて時間を共に過ごした人が、案外あっさりと去っていきます。それは少し寂しいことではありますが、同時にうれしいことでもあります。

心残りがあっても、その人がいるべき場、生かされていく所に出ていくのを後押しするのが、支援者の役割です。そう思って切り替えるようにしています。

あっさりと去り、あっさりと送る。互いにそんな関係が築けたら、と願います。私たちの知らないところで、「職員の名前は忘れたけれど、からしだね館での経験があって今の自分がある」と言っていただけるなら、そしてその姿に、神さまが目を留めていてくださるとするならば、これ以上うれしいことはありません。

「あなたの家に帰りなさい」と、神さまは、去る人にも残る人にも言われているようです。

「痛み」について

福祉の仕事をしながら、「痛み」について考えることが、ときどきあります。

人は生きているかぎり、いろいろな問題にぶつかるものです。病気や障害もその一つでしょう。生活上の困難もあります。こうしたとき、人がそれをどう感じるか、という話です。

それを仮に「痛み」と表現してみます。つまり、生きていくうえでのいろいろな困難が、頭の理解ではなく、生身の感覚として、私たちの体や心にどう響くか、ということです。

なぜ、こんなことを考えるかというと、こうした実感は、人と人とをつなげ、時にはやがて社会を動かす原動力になったりもすると思うからです。

＊　＊

大阪の西成区《にしなり》にある「釜ヶ崎」と呼ばれる地域で四十年間、子どもたちの居場所を提供してきた「こどもの里」の施設長をしておられる荘保共子《しょうほともこ》さんという方の話を聴いたことがあります。

荘保さんは若いころ、ボランティアで初めて西成に行ったとき、子どもたちの目があまりにもきれいだったことから、そこに足を運ぶようになったのだそうです。

釜ヶ崎がどういう地域なのか、子どもたちがどんな問題を抱えているのか、それは後で知ったとのこと。出会った子どもたちの目がきれいだった、それが「痛み」のように、荘保さんの心に響いたのかもしれません。

この社会には、いろいろな「痛み」が満ちています。そのわりには、あまり私たちの実感がないように思います。知識としての「痛み」はあふれているのですが。

そもそも「痛み」は、個人的なものです。また、あえて人にさらして見せるものでも、説明してわかってもらうものでもありません。それでも、人はだれかの「痛み」に触れるとき、自分の中にある「痛み」に気づくことがあるのではないでしょうか。

その「痛み」は、自分自身も知らなかった、自分だけのものです。時にはそれは、自分でも理解できない、ぼんやりとした感覚であるかもしれません。でも、それをしっかり感じ取ることは、私たちが生きていくうえで、とても大切なことだと思います。

＊　＊

私にとって、忘れられない一つの出会いがあります。

昔、老人ホームで仕事をしていたとき、Hさんという車いすの男性が入居してこられました。若いころに家族を相次いで亡くし、それからずっとひとりで生きてこられた方でした。

その経歴を見ると、つらいことの連続だったことが容易に想像できました。しかし、Hさんは、ほとんどそのことを語ることはありません。元気だったころの旅の思い出話をしたり、趣味の俳句や短歌を見せたりしてくださるぐらいでした。

その飄々《ひょうひょう》とした人柄に惹《ひ》かれ、私は用事もないのに、よくHさんの居室を訪ねたものでした。

あるとき、新しい施設の建設で近隣住民との交渉が暗礁に乗り上げ、どうにもならなくなったことがありました。もやもやした気持ちを抱えて、私はふらっとHさんの居室を訪ね、とりとめもない話をしました。Hさんはにこにこ笑いながら私の話に相槌《あいづち》をうち、軽い冗談を挟んだりしながら、相手をしてくださいました。それが、私の心をずいぶん楽にさせたものです。

やがてHさんが百歳のとき、記念に、これまで書いてこられたものを本にしようということになりました。Hさんも喜んでくださっていたのですが、本の完成を待たずに天国に旅立って行かれました。

入居のとき、お世話してくださった近所の方、職員、そして私。みんな、なぜこんなにも、このもの静かな老人を好きだったのだろう……。

遺稿集になってしまった本のページをめくりながら、私はHさんのことを思い返しました。

幼いひとり息子さんを突然亡くしたとき、それを追うようにして奥さんが逝ってしまったとき、どんなに悲しかったことでしょうか。自分の家を持たず、下水処理場の管理人室に住み込んで、ときどきふらっと旅をしたりして、晩年は動かなくなった体をユーモアで包んで介護する人たちの前に差し出し、周囲の人たちを気遣いながら、日々を過ごしておられました。Hさんは、ご自身の人生の「痛み」を、どこか愛おしむように、大事に大事に、生きていかれました。

その姿に触れた私が感じたのは、じつは「痛み」の向こうにある「いのち」であったのではないか。そんなふうに考えました。「痛み」に気づくことは、「いのち」を見つめ直すことだ。Hさんは、そんなことを私に教えてくださったように思います。

「痛み」を抱えながら、百歳までの年月をたんたんと重ねてこられたHさん。その姿を目のあたりにしただけで、私は大きな勇気をいただいたのでした。

その行くところを知らずして

人生は旅のようなものだと言われます。その道のりは人それぞれで、自分がどこに生まれ、どんなふうに育ち、生き、そして死んでいくのか、その全貌は、最後までだれにもわかりません。

私も、いろいろなところを通ってきましたが、振り返ると、自分が若いころ、イエス・キリストと出会って洗礼を受け、紆余曲折《うよきょくせつ》はありながらも、今日に至るまで信仰者として生かされていること。これは、不思議というしかありません。

私は、キリスト教の背景がまったくない環境に生まれ育ち、高校一年生の秋、たまたま受け取った一枚のチラシがきっかけで、初めて教会に行った者です。たった一枚のチラシが、私にとっては大きな意味をもつものとなりました。

考えてみれば、人生の道のりは、そうしたことの連続なのかもしれません。仕事もそのひとつだと思います。

私は、自分が福祉の仕事をすることになるとは、しかもこんなに長くこの世界で働くとは、思ってもいませんでした。気がついたらこうなっていた、というのも変ですが、実際そんな感じなのです。

それで、ここでは少し、私が福祉の仕事をすることになった経緯をお話ししたいと思います。

私の最初の就職は、出身地の自治体職員でした。じつは、学生のころに考えていた進路がほかにあったのですが、残念ながらその道が閉ざされ、たまたま受けた公務員の試験に受かったので、そのまま就職したというわけです。

間もなく、ある出会いから、京都で高齢者の施設をつくる計画に参加することになり、その数年後、その事業のためにつくられた社会福祉法人に転職することになりました。一九八四年、三十歳の年でした。これが、私が福祉の仕事をすることになった始まりです。

それまで私は、特に福祉の勉強をしていたわけでもなかったのですが、自分の中のどこかに、こうした世界に惹《ひ》かれる何かがあったのかもしれません。とはいえ、転職に迷いがなかったわけではありません。行き先は、まだ漠然とした事業で、ある意味で冒険です。それでも、事の成り行きが転職へと私を導いてくれました。

一九八〇年代の日本社会は、高齢者介護が大きな社会問題になっていた時代でした。社会の要請に応えるべく、当時まだまだ少なかった特別養護老人ホームを建設するというのが、その法人での最初の取り組みでしたが、思いがけず、近隣の方々から大きな反対を受けました。

今日の介護保険が始まる前で、施設に対する偏見、差別がまだまだ根強くありました。親は家でみるべきもの、施設に入れるのは親不孝だ。そんな雰囲気があったのです。

けれども、何とか事業はスタートしました。小さな施設でしたので、最初私は、ソーシャルワーカーの仕事はもちろん、会計も人事労務も、法人の事務局の仕事も、何でもやっていました。その法人で働いた二十年ほどの間に経験したことや人々との出会いは、私にとって、今とても大切なものになっています。

精神障害者の方々との出会いも、そのひとつでした。

あるとき、保健所から、三十代の男性（Aさん）についての相談を受けました。学生のころ、精神の病気を発症した彼は、大学中退後十年余りひきこもっていました。そのAさんが、最近就職を目指してがんばってみたいと言ってきたので、まずは準備のための訓練として、老人ホームで働かせてもらえないか、という話です。

私たちは、ある福祉の制度を使ってAさんを受け入れました。Aさんの訓練は順調で、間もなく彼は就職したのですが、ほどなく辞めてしまいました。職場で何かトラブルがあったようで、そのまま彼は元のひきこもりに戻ってしまいました。

そのとき、私はつくづく、心の病気で悩んでいる人たちの置かれている状況の深刻さを知ったのでした。

それから十年後、精神障害者支援の拠点として、「からしだね館」ができました。

＊　＊

心にひっかかることには、意味があります。それは初め、ことばにならないものです。それでも、耳を澄ませてじっと聞き続けていると、聞こえてくるものがあるように思います。

福祉というのは、私にとっては、答えのない中であえて答えを出していくもの、そして、自分の生き方を問われるものです。

聖書にある、アブラハムの旅の物語を連想します。アブラハムは、神の声を聞いたとき、「どこに行くのかを知らずに出て行きました」（新約聖書・ヘブル人への手紙一一章八節）。神が祝福を約束されたからです。

そういえば、私が転職を迷っていたときも、「あなたは出て行くべきだ」という声が聞こえていたように思います。

きれいなことば

文章を書くとき、ことばの選び方や表記方法に迷って、ふとペンが止まるということがときどきあります。その一つが「障害者」の表記です。これは、じつは昔から議論になっていて、人により「障碍者」とか「障がい者」とか、今もいろいろな表記を見るのですが、いちおう行政文書などでは「障害者」になっているようです。

「障害のある子どもたちをみんなで支える」というテーマで研修会をしたときのことでした。休憩時間に、一人の女性が事務局に抗議に来られました。配布資料に、障害者と記載されていたことが許せない、というのです。障害者が、あたかも社会の「害」であるかのようなイメージを与えるから、「害」は平仮名を使うべきだとの抗議でした。

もちろん、そのような考え方があるのは私たちも知っていましたが、とりあえず「ご意見としてうかがっておきます」ということで、その場は一応おさまりました。

ひと通り会が終わり、フリートークの時間になりました。ちょうどその会場に、グループで参加していた障害児の親御さんたちがおられたので、思い切ってこの話を投げてみたところ、意外にもみなさんそれほど気にされているふうでもなく、ある一人のお父さんがやや戸惑いぎみにこう言われました。

「少なくとも私は、『害』であってもなくても、どちらでもかまいません。あえて言うなら、どんな気持ちでその文字を使っているのか、ということのほうが気になりますね。」

他のお母さんは、遠慮がちに、もう少し踏み込んでこんなことを言われました。

「『害』か『がい』か、というようなことに目くじら立てていたら、私たち親子は身がもちません。それより、この子を抱えて毎日の暮らしをどう生きていくか、そっちのほうが先です。正直、きれいなことばで終わりにされるんじゃないかと、何となく上から目線を感じることがありますね。もちろん、今日のことではありませんが。」

じつは、私自身もかつては、いろいろ考えたあげく、「障碍者」と記していた時期がありました。けれども、役所の文書をはじめ、「障害者」が圧倒的に流通しているので、いつの間にか「障害者」に戻ってしまいました。言ってしまえば、そのほうが便利だったのです。

ことばの使い方をどうするか、というのは、決してどうでもよい問題ではありません。特に、差別や人権の問題に関わる話になると、そこにはけっこうデリケートなものがあります。「害」という字を避けるべきだという主張にも、それなりの理由がありますし、また、一つの文字にこだわって使い続けることが、何か社会啓蒙的な効果を生むということも、きっとあるはずです。

　それでも、先ほどの親御さんたちの話のように、案外「目くじら立てる」ほどのことでもない、というのもわかるような気がします。むしろ、この議論に意味があるとしたら、それは、文字を変えただけではどうにもならない、その先の問題に私たちが気づくことにあるのではないか、という気がしています。

　洪水のようにことばがあふれている中で、私たちは日常を生きています。上手に生きるために、ついつい「きれいなことば」を使って済ますようなことがないか、と思うのです。でもよく考えてみると、それがかえって人を傷つけたり貶《おとし》めたりする、ということだってあり得ます。私たちは、そんなふうに自分を振り返ってみることが、時には必要なのかもしれません。

「きれいなことば」は、逃げ道になるのでかえって厄介です。目の前の人にどこまでも正直に向き合う、そのようなときの私たちのことばは、仮に「きれい」でなかったとしても、何か意味をもった価値高いものになるように思います。

聖書の福音書によると、主イエスは障害者や病人としばしば出会われました。イエスは、どんなことばを使われていたのでしょうか。もしかしたら、今の日本社会では「差別語」とされるようなことばもあったのではないかと思います。あくまで私の想像ですが。それでも、主イエスがなさったことは、そのとき出会った一人ひとりの「癒やし」と「回復」でした。

＊　＊

先ほどのフリートークの続きです。

「私の理解不足から、お子さんを傷つけてしまうかもしれないと思うと、怖くて声をかけられないのです」と申し訳なさそうに発言した別の参加者に対して、先ほどのお母さんは、おだやかな口調でこう言われました。

「傷つけたり傷つけられたりは、人間どうしお互い様じゃないでしょうか。うちの子だって、どんなに人様にご迷惑おかけしているかしれません。それでも許してもらっています。どうぞ声をかけてやってください。うちの子を一人前の人として扱おうという気持ちで声をかけてくださるなら、たとえ痛くても、絶対傷つくなんてことはないと思うんです。」

お子さんの健やかな成長を願うお母さんの思いは、とても自然に心に入ってきました。

親亡きあと……

長い引きこもりから脱し、からしだね館に通うようになって五、六年になるAさんは、高校のころのいじめがきっかけで学校に行けなくなり、それから家から出られなくなってしまったという四十代の男性です。

ひとりっ子のAさんは、両親との三人暮らしでした。引きこもって生活が昼夜逆転した彼は、ほとんど家族と顔を合わせることがなくなりました。心配のあまり親が声をかけると、Aさんは、「自分がこうなったのは親のせいだ！」と逆切れしたそうです。

引きこもって十年余り、Ａさんが三十歳のころ、お父さんが突然、病気で亡くなられました。それを機に、彼はそれまで行ったこともなかった精神科病院に行き、そして主治医の勧めで、からしだね館にやって来ました。幸い、からしだね館の就労支援が彼に合ったのか、多少の波はありながらも、今もコツコツと通い続けています。

最初のころ、お母さんは、Ａさんが昼間家を出てくれるだけでもありがたいと喜んでおられましたが、そのうち、心配とも不満とも言えない複雑な思いが募ってきました。外でがんばっているのは良い、ただ、家でももう少し自立してほしい。第一、何も話してくれないので何を考えているのかわからない。家事や金銭管理もほとんど母親任せ、せめて自分のことは自分でしてほしい。今のところ仕方なく母親の自分がやっているが、自分もいつまでも生きているわけではない。これでは将来が心配だ、と。

「親亡きあと」ということが、障害者の家族会の集まりなどでよく聞かれます。今は親がいるので何とかなっているが、もし自分に何かあったら、この子はどうなるんだろうという、そんな親や家族の心配です。「親亡きあと」の心配が尽きないのは、確かに今の日本の福祉の現実です。Aさんのお母さんも、よくそういう話をしておられました。

そんなある日、そのお母さんが、突然脳梗塞で倒れてしまいました。幸い一命を取り留めたものの、半身まひと言語障害が残りました。

お母さんも大変ですが、Aさんはいったいどうなるんだろう？　皆が心配しました。

ところが、意外にもAさんは、これまでまったくやったことのなかった食事作りや掃除、洗濯などの家事を平気でどんどんやるのです。

お母さんが倒れてしばらくたったころ、私は、入院中のお母さんを見舞いました。ちょうど、Aさんも病室に来ていました。お母さんは、ベッドに仰向けで、目をパッチリ開けておられるのですが、発語ができません。それでも、こちらが話しかけると表情が明るくなり、手を握ると握り返されます。

「ことばは話せませんが、こちらの話はわかるようです」とAさんが言いました。

「自炊は、いけていますか？」と聞くと、

「まあ何とか。ネットでレシピを調べながら三時間かけて作っています」

と、Aさんが答えます。

「お金はどうしていますか？」

「障害年金で、やりくりしながら何とかやっています。」

「何でも人に相談できていますか？」

「はい……。母がこういうことになって残念ですが、ぼくはできるだけ前向きに考えようと思っています。少し積極的になれた気もします。」

私は、あえてお母さんに聞こえるように、Aさん相手にそんな会話をしました。お母さんはどんな気持ちで、息子さんの話を聞いておられたでしょうか。

お父さんの死とお母さんの入院。それがきっかけとなって、Aさんの中の何かが変わっていきました。彼の内にあった自立へ向かう力が、どっと噴き出してきた、という感じです。

Aさんを見ながら私は、「いったい親とは何なのだろう」と考えてしまいました。息子さんのために、ご両親はさんざん苦労してこられたはずです。にもかかわらず、それには何の〝成果〟もなく、逆に親の存在や力が失せたとき、皮肉にも彼の自立への歯車が前に動きだしたのです。

親の存在はかえって邪魔だったのか？　否、そうではないと思います。Aさんが、ここに至って想像以上のエネルギーを発揮できたのは、ご両親のそれまでの愛の積み重ねがあったからに違いありません。

親として、いつも正しい接し方をしてきたわけではないでしょう。たとえ失敗だらけであっても、子を思う正直な気持ちは変わらず、それがAさんの中で「生きる力」を育んでいたのだと思います。

「一粒の麦は、地に落ちて死ななければ、一粒のままです。しかし、死ぬなら、豊かな実を結びます。」

小さな麦の種のもつ、健気《けなげ》で不思議な力には驚かされます。

（新約聖書・ヨハネの福音書一二章二四節）

あなたは高価で尊い

いつだったか、何かの集会で、精神障害のある、まだ若い当事者の方からこんな相談を受けました。

あるキリスト教系の福祉施設に入所したところ、そこの職員は皆クリスチャンであった。クリスチャンでなかった職員も、いつのまにかクリスチャンになっていく。入所者も日曜日になると皆教会へ行く。自分は一応、仏教の家に育ったのだが、同時期に入所した友人が洗礼を受けることになり、ぜひ洗礼式に出席して祝ってほしいと言われ、断ることができずに一回だけついて行った。

ところが、その日からたびたび職員に呼び出され、面談の中で、「あなたは変わらなければならない」と言われるようになった。友人からは日曜ごとに教会に誘われる。気がつけば、自分以外は皆同じ教会に行き、信仰の話題で盛り上がっている。時に涙を流して語り合ったりしているのを見ると、ちょっとうらやましい気持ちにもなり、思わず「洗礼を受けてクリスチャンになりたいです」と口走ったところ、「よかったね。ずっとあなたが救われるために祈っていたよ」と、みんなにとても喜んでもらえた。自分は施設を出ても行くところがないし、これでよかったのですよね？

ざっとそんな内容です。

これでよかったと思いたいところが、どこか腑《ふ》に落ちない。そんなわだかまりを、その方はずっと抱えておられるのでした。話を聴きながら、私は何だかつらくなってきました。

こんなことが本当にあるのだろうか？　そして、こう考えたのです。もしこれを、喜ばしい「福音の実」ととらえるとしたら、それは神の目にどう映るだろう？　と。これは福祉の「邪道」であり、福音の本質からも外れているのではないか？　と。

なぜなら、この方が洗礼を受けようと思うに至ったプロセスにおいて、どれだけ彼が「人」として大切に扱われてきたか、疑問が残るからです。そして、「福音の実」さえ得られるならば、経過がどうあれ、多少のことは許されてしまうといった、クリスチャンの傲慢と甘えが見え隠れするからです。


結果がすべて、というのが今の時代の風潮です。福祉の世界でも、近年その傾向が強くなってきたように感じます。たとえば、障害者の就労支援なら、利用者にどれだけ工賃を支給したかなど、質よりも数値で施設が評価されるようなところがあります。

たしかに結果も大事です。しかし、結果に至った経過はもっと大事です。

というのは、どんな経過があっての結果なのかは、結果自体の意味を決めてしまうからです。

特にこの相談の場合のように、人が「人」としてきちんと扱われてきたかというのは重要です。そこに少しでも疑いがあるなら、その結果は「偽りの実」というべきかもしれません。

＊　＊

東京電力福島第一原発の近くに、私の親しくしている牧師が住んでいます。東日本大震災直後から、彼はそこにとどまって、教会を開放して救援活動に奔走しました。自らも被災者の一人として、地域の人々と共に厳しい日々を過ごしてきたと言います。その彼がこんなことを言っていました。

自分は今まで、人を「人」としてではなく、「未信者」として見ていた。震災がその間違いを教えてくれた、と。

福祉であれ伝道であれ、人を本当に「人」として見ているか、とあらためて問うてみることには意味があります。というのは、私たちは案外、自分に都合の良い「人」のイメージを勝手に創っているかもしれないからです。

「わたしの目には、あなたは高価で尊い。」

（旧約聖書・イザヤ書四三章四節）

神は人に語りかけておられます。高価で尊い――それは、ひとり子を十字架に架けられるほどにです。

福祉の世界で働くキリスト者に神が求めておられるのは、この福音に生きる者として、ただひたすら良い福祉サービスを提供することです。人の心のためらいやおそれを大事にされる神の目線を覚えながら。

そこには、福祉という道具を使って、人をキリスト教へ誘導していくような「邪道」が入り込む余地などありません。

私は、「わたしの目には、あなたは高価で尊い」という神からのメッセージを、自分自身のこととしてより深く味わい続ける求道者でありたいと思います。また、そんな願いをもって福祉の現場に立つとき、神は目の前の人を通して、その「尊さ」を私に教えてくださるのだと思います。

願わくは、目の前の人もまた、私を通して、尊い存在である自分自身に目が開かれていきますように。私もまた、そのような奇跡のプロセスに、立ち会わせていただけますように。

最も小さい者たちの一人

以前、新聞を読んでいたら、一つのショッキングな写真が目に留まりました。アフリカの紛争地帯の、ある村の近くで撮られた「ハゲワシと少女」という題の写真です。病気か飢えで大地にうずくまったまま、今にも死にそうな小さな少女のすぐそばで、一羽の猛禽《もうきん》がじっと彼女のほうを見ているという図です。

そして、同じその日の新聞のほかの面に、今度は日本の話で、重い心臓病を抱えた小さな男の子が、米国で手術を受けるというので、そのために必要な何千万円という費用を集める活動が展開されているとの記事が載っていました。

偶然なのでしょうが、二つの記事の対比があまりにも強烈だったので、今でも記憶に残っています。

同じいのちでありながら、この二つは、置かれている環境も、扱われ方も極端に違いすぎるのです。これをどう理解したらよいのか、ついつい考えてしまいました。

二つのいのちがさらされている状況は、いずれも過酷です。しかし、一方は、人々に見放され、何のケアもされず、ただ死を待つばかりであるのに対し、もう一方は、まったくその逆です。しかも、少女の場合は、環境の過酷さもさることながら、いのちそのものの尊厳までがひどく脅かされているようで、一段と衝撃を受けました。

いのちに軽重はないはずなのですが、こうした不平等とも理不尽とも思えることが普通に起きているのが、私たちが生きているこの世界の現実だということでしょう。

ある人は、こんな計算をするかもしれません。

世界中で今、八億もの人が飢えている。一分間に十七人が飢えて死んでいる。一人の男の子を助けるのも大事だが、もしそのお金を飢餓対策にまわしたら、何十人、何百人と助かるだろう。

計算上は、確かにそのとおりです。しかし、実際には、やはり多くの人々が、いろいろな思いをもって心臓病の男の子のためにカンパをするのです。

一方、世界中の飢えている人々のために、何かできることはないかと行動を起こす人もいるわけで、そう思うと、そもそもこんなふうに考えること自体、いのちを比べるようで、あまり意味がないことなのかもしれません。

＊　＊

こんな話を思い出します。

ある大学生が、通学途中に迷い犬を見つけました。首輪をしたシェパードでした。その犬は、車がビュンビュン通る国道を横切ろうとして、何度もはねられそうになっています。彼女はその犬を放っておけず、通りがかりの人に協力してもらって、何とか交番まで連れて行きました。

その後、その犬は、とりあえず保護センターに預かってもらえることになったのですが、その期間は限られており、飼い主が現れなかった場合は殺処分になると知りました。

——自分が保護したために、殺されてしまう？

——私はよけいなことをしてしまったのだろうか？

そんな思いを抱きながら、次の日、彼女は保護センターにいるその犬に会いに行きました。センターには、ほかにもいのちの期限を切られた犬がいたのですが、彼女はそれらの犬を見ないと心に決めて、まっしぐらにあのシェパードのところに行きました。そして、いよいよとなったら、遠く離れた実家に頼み込んででも、この犬を引き取ろうと決心します。

彼女が犬のために必死で動きまわっているとき、周囲の反応はさまざまで、「あなたは優しいね」と言う人もいれば、「そんなことしていたら、切りがないよ」と忠告する人もあったそうです。そうこうしているうち、幸いなことに、犬の飼い主が現れたという知らせがきたのでした。

あとで彼女は言いました。

「私は優しいわけではないし、すべての犬を救う力などないこともわかっています。ただ、私はあの日、あの犬に出会ってしまった。それだけのこと。」


じつは、福祉の働きの中でも、同じようなことを考えさせられることがしばしばあります。福祉のプロでありながら、どうにもできない現実がありまず。しかし、それでも、あえてその迷いの中で、目の前に差し出された私の課題にたんたんと取り組んでいくこと。それが大事なのかもしれません。アフリカの少女や心臓病の男の子のことは、きっとその先につながっているのでしょう。


「これらのわたしの兄弟たち、それも最も小さい者たちの一人にしたことは、わたしにしたのです。」

（新約聖書・マタイの福音書二五章四〇節）

主イエスはこう言われました。私にとっての「最も小さい者たちの一人」は、あなたにとっての「最も小さい者たちの一人」とは異なるかもしれません。それでよいのだと思います。

その打ち傷のゆえに

何か大きな事件が起きると、容疑者には精神科の通院歴があった、などという報道がなされることがときどきあって、そのたびにいつも気になります。というのは、それが世間に、あたかも精神疾患と犯罪に何か因果関係があるかのような印象を与えてしまい、そうなると、〝精神障害者は何をするかわからない、怖い〟となり、結果として、障害者に対する社会の偏見や差別を助長することにつながっていく、と考えるからです。

近年はそれでも、こういう報道は、以前と比べてずいぶん少なくなったような気がします。

新聞社やテレビ局で、何らかの規制基準のようなものができたのでしょうか？　あるいは、人々の意識が変化する中で、自然にそうなってきたのか、よくわかりません。

いずれにしても、こんなふうに変わってきたのは、問題が起きるたびに、当事者をはじめ、心ある人々が声を上げてきた結果ではないかと思います。

＊　＊

今から十数年前、ちょうどからしだね館の建設計画が始まったころにお世話になったTさんのことを思い出します。

Tさんは、京都市内の商店街の一角で、障害者と地域の人たちが自由に集えるフリースペースを開いておられました。ご自身の娘さんも心の病気をもっており、親としての立場でもいろいろな活動をしておられました。その中で、特に私の心に印象深く残っていることがあります。

それは、Tさんが、常にテレビや新聞をチェックしていて、何か問題と思われる放送や記事があると、それに対してすぐに抗議の声を上げておられたことです。

いつだったか、ある有名なテレビの番組で、障害者を揶揄《やゆ》したような放送が全国に流されたことがありました。たまたま私も見ていたのですが、案の定、翌日早速Tさんからファックスが来ました。

「昨日のあの放送は問題である。自分も直接抗議したが、みなさんも声を上げてほしい。テレビ局の電話番号は××××……。」

ざっと、そんな内容でした。

こうした活動を、Tさんは長い間続けておられたのです。時には、全国版テレビ局のディレクターを東京から呼んで討論会をすることもあり、私も声をかけられて参加したことがあります。

Tさんがフリースペース（不登校や引きこもりなどに悩む人たちの受け皿

になっている団体）の機関誌に書かれた記事で、「つまみ出された者たち」というタイトルの文章がありました。障害者の人権にかかわる法律が審議されている国会に傍聴に行ったTさんや当事者たちが、傍聴席で抗議の声を上げたために「つまみ出された」という内容だったと記憶します。Tさんはその顚末《てんまつ》を、怒りを込めて書き綴《つづ》っておられました。

ひと言でいうと、Tさんは「闘う人」でした。しかし、その手法にだれもが賛同していたわけではなかったようで、決して大きな運動になっていくことはありませんでした。

先日、久しぶりにそのTさんと電話で話しました。もう、自分はこの問題からは身を引いている。今の時代がどうなっているのか、あまり知らない――そんなTさんの声が、電話の向こうから聞こえてきました。

＊　＊

ところで、今日の日本の福祉は、以前と比べて良くなっているでしょうか？　障害者の置かれている地位は、昔より向上しているでしょうか？　もし少しでもそうだとしたら、私は、Tさんのような人のことを忘れてはいけないと思っています。そして、私たちの暮らすこの社会には、昔から無数のTさんがいて、そのおかげで、「やっと」今の福祉があるのだと考えたいと思います。

七年前、国連の障害者権利条約に日本も批准し、それを機に、障害者の権利や自由についての社会の意識も以前にも増して高まってきたように思います。

権利や自由の実質については、いろいろ議論がありますが、少なくともこれを堂々と主張することができるようになったとはすばらしいことです。そして、つくづく思うのは、日本の福祉がここに至るまでに、どんなに多くの闘いや犠牲があったことだろう、ということです。私たちの国の憲法十二条にはこうあります。

「この憲法が国民に保障する自由及び権利は、国民の不断の努力によって、これを保持しなければならない。……」

不断の努力――人間の尊厳の究極の拠り所と言ってよい権利や自由は、初めから当たり前にあったわけではありません。でも、案外私たちは、そのことを忘れがちではないでしょうか。

そんなことを考えていると、聖書の中のこんな記事が思い出されました。

「その打ち傷のゆえに、私たちは癒やされた。」

（旧約聖書・イザヤ書五三章五節）

福音が、キリストの犠牲の結果だとすれば、福祉もそれに似ています。それでよいのだと思います。

平和をつくる者

福祉について考えるとき、どうしても書いておきたいことがあります。それは、端的に言えば、平和こそ最大の福祉である、ということです。

歴史を振り返れば明らかですが、私たちの社会では、いったん戦争になると、人権は疎《おろそ》かにされ、福祉は後回しにされます。それどころか、戦争は人のいのちを平気で奪っていきます。かつて、ナチス政権下のドイツで、多数の障害者が虐殺されたとき、人々はそれに対して無力でした。

その意味では、社会が平和であってこそ、福祉は成り立つものと言えるでしょう。私たちは、福祉については、日常の中でわりあい身近なこととして考えています。でも、平和についてはどうでしょうか？

平和というのは、いわば福祉の前提のようなものです。私たちが、真剣に良い福祉を願うなら、まずは平和について考えることが大切ではないでしょうか。時には何かの行動を起こすことが求められるかもしれません。

二〇一八年の八月にＮＨＫで放送された番組で、日本の戦時中、障害者たちがどんな扱いを受けていたか、特集をやっていました。重度の脳性まひで生まれつき体が不自由な九十三歳の男性は、徴兵検査で大勢の人の前で裸にされて笑われ、〝ごくつぶし〟とののしられた、つらい体験を語っていました。

空襲で、脚の不自由な自分を抱えて逃げていく母を見て、周囲の人々から「母さんをつらい目に遭わせるなら死んでしまえ」と言われたという鹿児島の女性の証言もありました。

おそらく、戦時中このような話は無数にあったのだろうと想像します。役に立つか立たないか。役に立たなければ、生きていることもはばかられる。障害者本人も、家族も、〝役に立たない〟後ろめたさにさいなまれながら、息を殺して生きている。そうした不寛容で狂気じみた空気が、社会全体を蝕《むしば》んでいったのが戦争の時代でした（Eテレ「障害者×戦争」二〇一八年八月五日放送、NHK）。

そして今。私たちは、そんな戦争の時代とは、まったく別の社会に生きているでしょうか？　もう、あれは過去の話でしょうか？　私はそうは思いません。それどころか、もう一度同じ過ちを繰り返してしまいそうな危うさを感じています。

二〇一六年の夏、相模原市の障害者施設で、残忍な殺傷事件がありました。「障害者は不幸を生み出すだけで、生きる価値がない。」それが犯人の言い分だったそうです。あまりにも身勝手な犯行だと怒りを覚えますが、同時にこれは、時代が生み出した事件でもあると思いました。戦争の時代、兵隊になれない障害者が〝ごくつぶし〟と言われたのと同じ思想が、今の社会にも影のように残っているのかもしれません。

戦争が廊下の奥に立ってゐた

これは、渡辺白泉《はくせん》という俳人が、日中戦争が泥沼化しつつあった昭和十四年に詠んだ句です。八十年後の今も、この句は私たちに何かを語りかけてくるようです。

平和を脅かすもの、それは私たちの日常生活のすぐ傍まで、いつの間にかそっとやって来るのです。それだけに、私たちはこの社会の流れについて、注意深く賢くなければなりません。

＊　＊

私の知人に、大阪の府立高校の教師がいます。彼は卒業式で日の丸・君が代に対して起立しなかったために懲戒処分を受け、これを不服として訴訟を起こしました。最高裁まで争ったあげくに裁判には負けたものの、彼は今も闘い続けています。

彼は不起立を「主張」したのではなく、自分の心の中の自由を侵そうとする暴力的な力に対して抵抗を試みたにすぎません。それは、人間の尊厳を守るための、彼なりの自然な反応ではなかったかと思います。

今、日本の学校現場の多くは、きっと同じような状況に置かれているのではないかと思います。こうした問題に、教師のみなさんがどう向き合っておられるのか、私にはわかりません。だれもが私の知人のようではないでしょう。

ただ、そんな現場のみなさんに、そして読者のみなさんにも考えていただきたいのです。「抵抗」することの大切さを。そして、もしあなたの身近に「抵抗」する人がいたら、その人のために祈り、少しでも支えていってあげてください。

「内心の自由」は、人間の尊厳の基本にあるものです。それを押しつぶし、えたいの知れない方向へと力で向かわせる動きは、平和とは相いれません。

福祉は、人間の尊厳をどこまでも大事にする営みです。それは、平和を脅かすいかなる力に対しても、はっきりノーと声を上げていくことなのです。

「平和をつくる者は幸いです。その人たちは神の子どもと呼ばれるからです。」

（新約聖書・マタイの福音書五章九節）

「役に立つ」を考える

福祉は人の役に立つ仕事、というイメージがあると思います。もちろん、そうであればうれしいのですが、なかなかそう実感することは難しいのが現実です。むしろ、本当にこの支援はこの方の役に立ったのだろうかと反省し、疑問に思うことがしばしばです。

統合失調症で入退院を繰り返していたMさん（四十代女性）。病院での治療で症状が落ち着くと、生活保護の暮らしから抜け出したいと、からしだね館の就労支援を利用されるようになりました。真面目で何事にも熱心に取り組まれるMさんは、徐々《じょじょ》に働く生活に慣れ、体力も回復してきました。三年ほど経ち、ひとりで生活できるだけの力をつけたMさんを、私たちは自信をもってある会社に送り出したのでした。

ところが、就職してわずか一か月で、Mさんは体調を崩し、とうとう長期にわたる入院となってしまったのです。頼まれた仕事が断れない、同僚との人間関係で無理をしてしまう。そのうち、疲れがたまってダウンしてしまったようです。私たちの支援が「役に立った」と思ったのはほんの一瞬で、かえって以前よりも状況は悪くなってしまいました。

それで、もう一度、今の私たちが生きている社会で、大きな力をもっている空気のようなものについて考えてみたいと思いました。つまり、ものごと、何のためにどれだけ役に立つかが、常に人々の重大な関心事になるような、そんな空気のことです。

日本でも世界でも、今の時代、「役に立つ」が一つのキーワードのようになっています。端的に言えば、役に立つことは評価され、役に立たないものは否定される。そんな思潮が世界をおおっています。

数年ほど前、文部科学省（以下、文科省）が発した通知がもとで、国立大学の文系学部不要論というのが世間で物議を醸したことがありました。理系に比べて文系は経済発展に貢献する度合いが低い、つまり役に立たない。だから廃止するか、もっと役に立つ内容に編成し直すべきだ、という話です。そんな意図はないと文科省は弁明しましたが、大学の現場ではかなり大騒ぎになりました。

二〇一六年にノーベル賞を受賞した科学者の大隅良典氏は、理系の方ですが、「〝役に立つ〟という言葉が社会をダメにしている」と言っておられました（二〇一六年十月三日、受賞会見より）。

考えてみると、私たち人間は、本当に役に立つものとは何なのか、よくわかっていないのではないかと思います。

じつは、福祉の世界でも同じような風潮があるように思います。経済的に効率的で効果が見込まれるものは良い制度であり、自立とはまずは経済的な自立である、という具合です。国の施策がこうした考え方をリードしているという面もあるかもしれません。

「役に立つ」を、だれもがわかりやすい経済的な価値としてだけ強調する傾向が、知らず知らずのうちに福祉の世界にも入ってきているようで、私は心配しています。それだけに今、「役に立つ」ことの意味を、じっくり考えてみることが大事なのではないかと思うのです。

よく「あなたは存在するだけで価値がある」という言い方がされますが、これが人々にどう解釈されているのか気になります。と言うのは、この場合の「価値がある」こそ、まさに「役に立つ」だと考えるからです。

新約聖書の福音書にある、有名な「五千人の給食」の物語を思い出します。食べるものがないまま日暮れを迎えてしまった大勢の群衆に対して、イエスの弟子たちはなすすべがありません。そこに一人の少年が、五つのパンと二匹の魚をそっと持ってきました。これを受け取ったイエスは、感謝をささげてから、一人ひとりに分け与えると、人々は十分食べて満足した、とあります（ヨハネの福音書六章一～一四節他）。

少年は、自分の持っていたわずかなものを、勇気をもって差し出したのです。何千人もの人々の食事になるとは思ってはいませんでした。しかしイエスは、それを用いて、多くの人々の空腹を満たす、「役に立つ」給食とされたのです。

人は、やはり役に立ちたいのです。そして役に立つように造られているのだと、私は思います。私もあなたも。支援者も支援を受ける人も。人の目にはどう見えようと、役に立つように変えてくださる神さまがおられる。そう信じながら、私は、日常のこまごまとしたことを何とかこなし、また自分の手には負えないと思うようなことにも向き合っています。もたつき、迷い、失敗しながら、ではありますが。

冒頭のMさんは、今も入院中です。どうすればよかったのか、今でもわかりません。ただ、Mさんはもちろん、私たちも一生懸命でした。あとは、神さまにお任せしたいと思います。

冒険と求道と

「からしだね館」ができて、早くも十数年以上の歳月が流れました。こうして目に見える形で働きの拠点が与えられていることは、ありがたいことです。

ところが、人間というのは愚かなもので、こうした、じつは特別であるはずのことが、いつの間にか当たり前になってしまうことがよくあります。

やがて、この「当たり前」を維持することが第一の目的になり、何のためにこれをやっているのか？　という本来の目的を見失ってしまうのです。ぼんやりしていると、いつの間にか初期の新鮮な志やビジョンが、忘れられていきます。

ポール・トルニエ（スイスの精神科医）がこんなことを書いているのを読みました。

「彼らが任を引き受けたのは使徒職としてであったのに、……役人になってしまった。」

（『生の冒険』久米あつみ訳、ヨルダン社、一九七一年）

五年、十年と事業が継続し、働きが安定、拡大してくると、その状態をいかに維持、または発展させていくかということが、気になるようになります。「経営」です。じっさい、事業を経営していくということは、そう簡単なことではありません。お金の問題、人の問題、行政対応、地域との関係づくり、リスク管理などなど、用事は無限にあります。その用事をこなし、経営を成り立たせていくこと。それで、良い支援もできる。良い支援をするためには、経営は大事、というわけです。

ただ、「からしだね館」というのは、あくまで器であり、道具であって、それ自体が目的ではない、というのは忘れないようにしたいと思っています。神さまは、これを使って、何をしようとしておられるのか？　器や道具は、時に壊れ、失うことがあります。それさえも用いて神さまは、ご自身のわざを進められる。そうだとすれば、大切なのは器を守ることではなく、神のわざに参画し続けることです。

それが、具体的にどうすることなのか、私たちの日々の営みの中の何が、それにあたることなのか……？　そんなふうに問い続けていくことが大切なのかもしれません。


「私は、すでに得たのでもなく、すでに完全にされているのでもありません。ただ、捕らえようとして追求しているのです。」

（新約聖書・ピリピ人への手紙三章一二節）

これからのこと

　ここ二十年ほどの間で、私たちの社会の福祉はずいぶん変わりました。高齢者福祉の分野で介護保険制度ができたのがちょうど二〇〇〇年。そのころが一つの転換点でした。「社会福祉基礎構造改革」という大きな変革がありました。

　たとえば、それまで福祉サービスは、行政が必要性を認めた分だけ利用者に提供するものでした。措置制度と言います。利用者は受け身です。それが、支援を必要とする個人が、事業者と契約を結んでサービスを利用するというふうに変わりました。措置から契約へ、です。事業者と利用者は対等です。

事業者の条件も緩やかになり、従来主力だった社会福祉法人だけでなく、株式会社も含め、多種多様なタイプの業者が福祉に「参入」してきました。増大するサービスの供給量をまかなう必要があったわけですが、一方でこのことは、日本の社会福祉のありようを、良くも悪くも複雑に変えたのではないかと思います。

今の福祉には、慈善的でボランタリーな働きから市場で取引されるサービスまで、いろいろあります。「福祉」という言葉の意味があらためて問われているかもしれません。事業者も、自分たちの目指すところは何か、何を大事にしていくのか、もう一度考えてみることが必要だと思います。

「ミッションからしだね」にとっても、それは言えます。今はたまたま、社会福祉法人という形をとっていますが、それは一つの便宜です。事の成り行き上、この形が一番自然で便利でした。補助金を受けるにも、借入するにも、事業を開始し継続していくうえでも、制度に一番馴染む形がこれでした。しかし、これにこだわる必要はもちろんありません。これからも、必要に応じて、柔軟にふさわしい形をとっていけたらと思っています。ただ、どんな形であれ、「経営」とは難しいものです。

からしだねでは、毎月、管理職による「経営会議」をやっています。以前は「運営会議」と言っていましたが、ある時から、はっきりと「経営」としました。そこでは、スピリットやミッションについての話題も語り合うのですが、もっぱら、お金の問題、人事や労務管理の問題等、日々の現実の課題についてシビアな話し合いがなされます。管理職は、たまたま全員クリスチャンなので、時には、会議の中で共に祈ることもあります。

ミッションからしだねは、定款で「キリスト教精神に基づき」福祉を目指すとうたっています。したたかで賢い経営が、それを保障します。実際そんな経営ができているかは別ですが。そのためにも、問題は何と言っても「人」です。良い人材を求めています。

ただ、良い人材とは？　となると、これもなかなか難しく、人の考えを超えた世界が人事にはあるように思います。欠点や弱点があっても、人を育て、用いられる神さまであることを、自分自身の体験を通して知らされています。

II

からしだね館のできるまで

「からしだね館」の始まりはどこになるのだろう？　と考えてみると、いろいろなことが複雑に重なり合っていて、じつは何だかよくわからなくなってきます。

施設建設という形で具体的な事業計画が始まったのが二〇〇二年なので、いちおうこのあたりが実質的な始まりになるのかなとは思いますが、しかし、それまでにも、さまざまな意味のある出来事や人の出会いがあって、それらが事業立ち上げの伏線としてつながっているように感じます。結局、いろいろな要素が絡み合ったところで、自然に、できるべくして出来上がった、と言ったらよいかもしれません。

少し大げさかもしれませんが、それは、広い宇宙の中で、一つの星ができるのに似ています。最初は小さなガスのような塵《ちり》の渦巻きです。それがだんだん形になり、最後に固まって星になる。そんなふうに、からしだね館も、ミッションからしだねの働きも、ある時から渦を巻き始め、そして事業所としての形が出来上がった。そんな気がしています。

＊　＊

京都市の東部圏域（山科区、東山区、伏見区醍醐地区）で、精神障害者のための施設を作り、この地域に福祉の拠点を作ろうという話が具体的に持ち上がったのが、二〇〇二年の初夏のことでした。ある方が、「福祉のために」と、圏域内である程度まとまった土地を福祉事業のために格安で譲りたいと言ってくださったのがきっかけでした。精神分野の福祉施設の建設は、京都市の福祉計画でも取り上げられている大きな課題でしたので、行政の担当部署も、補助金の話も含めて、この話にはかなり積極的でした。

地域で暮らす「精神障害者のための」施設の立ち上げ。私は、これに心動かされました。というのも、当時私は、京都市内の高齢者施設で働いていたのですが、そこで、たまたま精神障害の当事者の方々の生活に接する機会があり、彼らの置かれている状況の厳しさが気になっていたからです。じつは、その頃、私のいた職場では、心の病気を持ちながらも何とか社会に出て働きたいという方々のための社会適応訓練事業（以下、「社適」）の協力事業所として、当事者の方々を毎年一、二名、それまで十年以上ずっと受け入れていました。

「社適」は、精神障害のある、特に若い方々のために仕事場を提供して、実際にいろいろな作業をしてもらいながら就労に向けての訓練をするというもので、町のさまざまな事業所が、里親ならぬ「職親」としてボランティアで協力していました。たとえば、スーパー、伝統産業の職人さんの工房、銭湯、花屋さん、などなど。

今でこそ、障害者の就労支援といえば、さまざまなタイプのサービスが提供されています。しかし、当時は、作業所や授産施設も数は少なく、相談体制も必ずしも十分ではありませんでした。社会の理解も決して十分ではありませんし、とりわけ精神障害者にとっては、厳しい社会環境だったと思います。

そのような中で「社適」は、彼らにとって確かに貴重な社会資源になっていました。

社適には、今日の福祉サービスにはない、不思議な温かさがあったように思います。それは、「職親」が福祉の素人であるがゆえに醸し出される何かが、そこにあったからかもしれません。残念ながら、この制度は法制度の変化にともなって自治体の任意事業となり、それも徐々に縮小されているようです。ともあれ、自分の職場で、そんな形で精神の方々を受け入れた経験が、私にとって、この問題に関わるきっかけとなりました。

ところで、社適で来られた方々ですが、直接介護の仕事はしません。たとえば、デイサービスで高齢者にお茶を配ったり、デイルームの掃除をしたり、といった介護の周辺の仕事です。職親の経験の中で、私は、今の社会で、心の病を持ちながら暮らしていくことの大変さ、厳しさを少なからず感じていたのでした。

たとえば、家から出られるようになって、生活のリズムもでき、これで短い時間なら働けるのではないか、とアルバイトを見つけてやりかけたところ、すぐに挫折してしまうのです。本人の側の課題もないわけではありませんが、それ以上に周囲や社会の問題の大きさを実感しました。偏見や差別もあったと思います。これは高齢者問題に劣らず、大きな問題だ。そう思いました。そして、これから先、自分にどれほどのことができるのかはわからないけれど、もしチャンスがあったらこの分野の必要のために何かやってみたい、という思いがわいてきて、それが心の中の「わだかまり」のようになっていました。

当時、私は四十代の後半。職業人としての自分の今後について、あれこれ考えていたところでした。もちろん、その頃の仕事や立場に不満があったわけではありません。立ち上げから関わってきたその職場（社会福祉法人）には、それなりに愛着を感じていましたし、実際、二十年になろうとするその法人の歴史の中で、責任ある大切な仕事も多くさせてもらっていました。そのまま、走り続けてもよかったのです。

しかし、どこからか、声が聞こえてきました。旧約聖書の創世記に、神がアブラハムに声をかけられるところがあります。

「あなたは、あなたの土地、あなたの親族、あなたの父の家を離れて、わたしが示す地へ行きなさい。」（旧約聖書・創世記一二章一節）

ちょうど、そんな声が心に響いてきたのです。

それというのも、もう一つ、そのころ私の心の中にあったのが、教会人としてのジレンマでした。教会の中にあふれるように語られている「愛」とか「救い」。しかし、それらが、じっさいどれほどのリアリティ（現実感）をもっているのか。そんな疑問です。

その当時、私は、教会で起きたある問題と、たまたま役員として関わるということがありました。その出来事を通して私は、教会あるいは自分自身が、ひとりの魂と、本当はどう向き合っているのだろう？　と思うようになりました。それは、それまであまり考えたことのなかったことでした。

たとえば、ひとつの魂、ひとりの個人、それ以上に、気をつけないと教会の「組織」としての体裁が優先されていることがありはしないか。それも、しばしば善意という美名のもとで。そして自分自身も漫然と、それを見過ごしているのではないか。一匹の羊が行方不明になったことを知った羊飼いは、九十九匹を残して彼を探しに行った。そこに何の計算もなかった。彼にとっては、一はイコール九十九。この私自身も、その「一」ではないか。この世の誰だって「一」ではないか。羊飼いは計算しなかった――

そんなことを繰り返し考えていると、「家を出て……」という、先ほどの声は、ますます強くなっていくような気がしました。それに従わないのは、何だか不自然のような気がして、特に何という葛藤も気負いもなく、私は「新しい地」に出て行くことを決めたのでした。

とはいっても、事はもちろんそう簡単ではありません。スタッフの問題や資金の問題、いろいろありました。けれども、思いを共有してくださる方々や協力者が徐々に与えられたのは心強いことでした。

二〇〇二年の暮れに、事業立ち上げの準備会をもったのですが、このとき、集まった有志は十四名でした。順調に進むかに思えたプロジェクトでしたが、いよいよ建物の建設にかかる、その年の春、地元住民の方々への工事説明にとりかかったところで、大きな壁にぶつかりました。住民の方々からの激しい反対です。いろいろ努力したものの、なかなか前に進めず、国や京都市からの補助金も流れ、結局その時の計画は挫折してしまいました。

その後、私たちは建設地を別の場所に変更して、新しく計画を作り直しました。いま、からしだね館が建っている場所です。今度はありがたいことに近隣の反対もなく、順調に計画は進み、最初の計画から二年遅れの二〇〇六年の春に建物が竣工、事業開始することができました。

一次計画より面積はずいぶん小さくなりましたが、その代わり交通の便の非常に良い立地で事業開始することになりました。交通の便の良さは、事業運営を格段に有利にします。振り返ると、最初の計画がとん挫し、二年遅れたことで、かえって良い形で事業をスタートすることができたと思います。学びの期間も十分にとることができ、一次計画にはなかった事業を加えることになりました。

聖書に、「すべてのことには定まった時期がある」とありますが（旧約聖書・伝道者の書三章一節）、まったくそのとおりだと思います。そして、神は、最も良い道を備えてくださるのだと思います。

「人の心には多くの思いがある。しかし、主の計画こそが実現する。」

（旧約聖書・箴言一九章二一節）

そんな聖句が思い浮かびました。

III

からしだね館の働き

「からしだね館」は、地域で暮らす障害者、とりわけ精神障害者、つまり心の病気によって日々の暮らしに生きづらさを抱えている方々を、いろいろな形で支援する福祉施設です。今から十五年前の二〇〇六年六月に、京都市山科区で事業開始しました。

施設を立ち上げたのも、運営しているのも、「社会福祉法人ミッションからしだね」という、社会福祉を専門にした民間の公益法人です。「社会福祉法人ミッションからしだね」は、「からしだね館」の事業開始の一年前に設立されました。

からしだね館の二本柱

「からしだね館」の事業には、二本の柱があります。一つは、「地域生活支援センター」といって、地域で暮らす障害者の方々の生活相談に応じ、福祉に関する情報提供をしたり、地域の関係機関と連携してサービスの調整をしたりする部門。そしてもう一つが、就労支援事業です。こちらは、からしだね館開設と同じ年（二〇〇六年）にできた新しい法律（「障害自立支援法」。現在の「障害者総合支援法」）で、「就労継続支援事業所」となりました。かつては、授産施設とか作業所とか言われていた施設がそれにあたるかと思います。つまり、障害がありながらも、働きたいと願う当事者の方々の自立や社会参加を、就労支援というかたちで支えていく働きです。

細かく言えば、からしだね館では、さらにこの中で二つのタイプの支援を行っています。就労継続支援「A型」と「B型」です。A型では、利用者は事業所と雇用契約を結びます。基本的に最低賃金が保障され、条件を満たせば社会保険にも加入します。福祉的就労でありながら、労働者としての立場で働くことにもなるので、ちょっと複雑です。もちろん、就労にあたっては、それだけのレベルが求められます。かつての「福祉工場」というのがこれに近いかもしれません。

これに対して、B型というのは、もう少し緩やかで柔軟です。働く場というより「居場所」のように来られる方もあれば、もっぱら「働く場」として利用している方もおられます。さらに中には、ここを「卒業」して一般企業に就職していかれる方もいます。もちろん、生活リズムを保つことを第一の目的にして、就職にこだわらず、自分のペースで通っている方もおられます。利用期間の期限はありません。いずれにしても、一人ひとり、その方に合った利用の仕方が幅広くあるのがB型です。

からしだね館では、このA、B二つを一体でやっているので、「多機能型」と言っています。定員は、A型十名、B型二十八名の計三十八名、登録者は五十名ほどになります。仕事は、できるだけたくさんの作業工程があるもの、地域との関わりが広がりそうなもの、そして、できるだけ収益性の高いもの……といった点を考えて、いろいろな業種に取り組んでいます。

たとえば、カフェレストラン、地域の高齢者宅への配食サービス、デザイン・印刷・製本の仕事などです。それから、これはおもにA型でやっているのですが、「環境調査」という仕事です。工場や工事現場などで、騒音、振動などのデータをとって、それを分析し証明書を交付するという仕事です。福祉施設では珍しいかもしれません。「環境計量士」という国家資格を持った職員が中心になって、特に理系が得意な利用者がメンバーとして活躍しています。

利用者の給与（工賃）は、収益から支払われますので、いかに採算をとるかは大きな問題です。試行錯誤を繰り返しながら、何とか経済的に成り立っていけるようにとがんばっています。

＊　＊

じつは、地域生活支援センターも、同じく新しい法律によって、その内容や性格が、それまでよりもかなり変化してきました。端的に言えば、「病院（施設）から地域へ」の強調です。日本では、精神疾患で入院している方の数、入院期間の長さ、これが諸外国の比ではなく、以前から大きな社会問題となっています。

ちなみに、二〇一八年の厚労省の資料によると、精神病床の平均在院日数が二百七十五日。諸外国と比べても一桁多い。人口千人当たりの精神病床数が二・六で、これもOECD各国の平均のざっと四倍です。精神病床数の削減がやかましく言われ続けてきたわりに、十五年もかかって、三十六万床から三十四万床へ、たった二万床しか減っていません。「国際的にみて、日本の精神科病床数は非常に多」く、「平均在院日数は非常に長い」と報告書は言っています（第一回精神保健福祉士の養成の在り方等に関する検討会資料、二〇一八年、厚労省）。

二〇二〇年の秋、福祉県内の精神科病院に四十年間入院して、東日本大震災がきっかけで退院することになった六十九歳の男性が、憲法が定める幸福追求権や居住、職業選択の自由を侵害されたとして国の責任を問うて訴訟を起こしたことがニュースになりました。

必要もないのに長期の入院を強いられているというのは、どう考えても問題です。支援センターは、地域の他機関と連携して、これに取り組んでいます。とはいえ、事はそう簡単ではありません。退院後の受け皿がない、そもそも本人の意欲や生活上のスキルがないなど、困難な壁にぶつかることもしばしばです。

からしだねセンターは、また、自治体の委託を受けて、「一般相談支援」といって、福祉や障害に関する、いわば何でも相談の窓口にもなっています。福祉サービスに関する情報をはじめ、経済、生活、居場所、人間関係、何でも相談対象になります。時には、OD（大量服薬で自殺企図）の現場に飛んでいくこともあります。時には、家族間の複雑な問題に巻き込まれそうになったり、本来は支援対象ではない、当事者の子どもの問題にどうしても関わらざるを得なくなったりと、どこで切ったらよいのか迷うことの連続です。

中には、スマートフォンの操作方法とか、団地のベランダの鳩の糞の始末をどうしたらよいかなど、障害とはあまり関係ないと思われるようなことも。

おそらく、相談支援の現場の、こうした詳細な話は、数字では表されない分、行政も把握しづらいのではないかと思います。

さらに、扱うケースによって、「計画相談」といって、高齢者福祉と同じように、いわゆるケアマネジメントの手法で支援することもあります。この場合は、サービス利用者と利用契約を取り交わして、定期的に訪問するなどして、じっくり支援していきます。

支援センターには、他にも福祉に関する地域のネットワークづくりや、啓発活動に関する役割もあります。たとえば、京都市東部障害者地域自立支援協議会（からしだね館の所在する、京都市東部圏の福祉関係の事業所や行政、医療機関、学校、地域の諸団体など、関係機関で構成する障害者福祉に関する地域のネットワーク）があるのですが、からしだねセンターは、これの事務局を、同じ圏域内の他の二つの支援センターと協働して担っています。また、福祉や障害者問題にまつわるさまざまな問題を取り上げて、公開講座やシンポジウム、コンサートなど、さまざまなイベントを行っています。

スタート時期

からしだね館は、新法のスタートと同時に始まりましたが、移行期間がありましたので、当初は旧体系（収入は、主として補助金や委託料による）で走りました。

移行期間は、支援センターは半年間、そして授産施設では五年間。つまり、それまでの体系（たとえば、通所授産所）から、新しい体系（たとえば、就労継続支援事業所）に移行する際、混乱を避けるために、しばらくの準備期間を設けたわけです。

じつは、このタイミングは、からしだね館にとって、財政面ではラッキーだったと思います。というのは、新制度では、たとえば就労支援事業の収入は、サービス報酬の単価に利用者数を乗じて算出するので、まだ利用者数の少ない初期のころ、もしこの計算でしか収入が得られないのだとしたら、かなり厳しかったと思います。そこをしばらくの期間、定額の補助金でいけたのは助かりました。

ふりかえってみると、新制度以前は、支援センターも就労支援事業（当時の授産所、または作業所）も、もっと自由でゆるやかな、どちらかと言えば「居場所」の性格が強かったように思います。全国にいろいろな支援センター、授産所があって、それぞれがユニークな特長をもって活動していました。からしだね館の事業開始の準備期間中、けっこういろいろな施設を見学して回りましたが、皆それぞれユニークでした。なかには障害者たちが主体になって、当事者運動の拠点ともなって活動しているところもありました。また、家族会の集まりから自然にできたスペースや、医療機関が福祉分野に事業展開したようなところも。経済的には、多くが自治体からの補助金によっていましたが（これにもけっこう差があった）、いずれもそんなに豊かではなく、どこも苦労があったと思います。それでも、現在の報酬制度のような細かい規制がない分、かえってずいぶん自由だったように思います。

それから、からしだね館は当初、精神障害者の支援を専門にした事業所として出発しましたが、その後の法改正により、精神だけでなく、知的、身体も含め、いわゆる三障害すべてに対応することが求められるようになりました。

就労支援事業のほうは、そこまでの縛りはありませんが、今までの経過がありますので、どうしても精神分野が中心にはなります。ただ、施設が単独でやれることには限界があります。福祉の仕事では、地域のいろいろな機関や団体や個人と連携していくことが大事で、その意味で、とにかく閉鎖的にならないよう、地域に開かれた運営を心がけています。

施設をできるだけオープンすることは、また、地域の方々の理解を得ていくことにもつながると思います。就労事業で、カフェレストランの営業や配食サービスを始めたのも、じつは、そこでできるだけ地域との接点を持ちたいという意図がありました。カフェに来られるお客さまの中には、ここが福祉施設とは知らずに来られる方も少なくありません。館内の多目的スペースは、地域の方々が、コーラスの練習や俳句の会、各種会議、催しなどで使ってくださっています。自然に当事者と触れ合う機会も多くなり、施設のことも知っていただくようになります。

時間はかかっても、こうした地道な日常の営みが、障害者に対する人々の理解を深めていくことになるのではないかと考えています。

コロナ禍のからしだね館

二〇一九年の暮れ、新型コロナウイルス感染のニュースが流れました。その時点ではまだ、人々の危機感はそれほどではなかったと思います。そのうち年が明けても、感染の勢いは収まる気配がなく、それどころか世界規模の蔓延へと広がっていきました。パンデミックです。

日本では翌年の二〇二〇年三月から四月にかけて、感染の「第一波」が来ました。

からしだね館も、さまざまな対応を迫られました。

まずは、利用者、職員の感染予防対策です。いわゆる「三密」を避けること。消毒、換気、マスク着用の徹底。それに外部からの人の出入りや職員の通勤などにも気を使いました。

四月七日に政府の「緊急事態宣言」が出されたのを機に、カフェの営業を休止することにしました。客数がグンと減ったこと、通所できる利用者を制限せざるを得なくなったことなどが理由です。通所制限した方々については、「在宅支援」ということで、在宅でできる仕事を提供し、また電話や訪問で様子をうかがうのですが、どうしても調子を崩してしまう方もあり、その場合は個別の事情に応じて通所していただくこともありました。

日々の通所者数が減ると、施設会計にも影響してきます。夏になっても感染の勢いは止まりません。何とかカフェを再開できないか、そのタイミングや形態を検討しているうちに、秋になってしまいました。そんな十月初旬のある日、ＣＬＣ（宗教法人クリスチャン文書伝道団）が解散し、京都の有力なキリスト教書店のＣＬＣ京都店が閉店するニュースを目にしました。

そこで思いついたのが、ＣＬＣ京都店をからしだねで引き継げないだろうか？　ということでした。

これまで長年、街の中のキリスト教書店としてがんばってきたＣＬＣ京都店が消えてしまうことは、大きなショックです。

ちょうど、休業中のカフェをどう再開していくか、悩んでいたところでした。

もちろん、書店経営の厳しさは、今回ＣＬＣが閉店せざるを得なくなった事情を考えても明らかです。しかし、それ以上に福祉の事業所がやることで、新しくいろいろな可能性が広がっていくのではないか、という直感です。

さっそく、ＣＬＣ京都店に出向き相談すると、快くこの話を受けてくださいました。

ＣＬＣ本部はもちろん、出版社や取次店、その他関係の方々の大きなご協力をいただき、従来のカフェと書店をあわせたブックカフェとして、二〇二一年一月から事業を始めています。

障害者就労支援の一環としての事業所であり、地域の福祉文化の拠点としてのブックカフェであり、ミッションとしてのＣＬＣでもある、そんな多目的な、おもしろい場をこれから作っていきたいと思っています。

コロナ禍のなかで、からしだね館で、もうひとつの動きがありました。春から夏にかけて行った「マスクプロジェクト」と「ガウンプロジェクト」です。

感染拡大とともに、マスク不足が目立ってきました。特に医療機関にマスクが不足しているということでした。そこで考えたのが、医療機関にマスクを届けよう、という企画です。一般市民の方々に、「もし家で余っているマスク（医療機関で使えるもの）があったら、それをからしだねの手作りマスクと交換しますので、ぜひ提供してください」と呼びかけると、わずか二週間ほどで目標の千枚が集まりました。カンパも集まりました。

集まった医療機関や介護施設にマスクを届けているうちに、今度は防護ガウンが欲しいという声が聞こえてきました。ポリ袋で作った使い捨てのガウンです。

幸いカンパがたくさん集まっていたので、それで材料を買い、からしだねの皆で作って必要なところに届けました。そのうち、ある方を通して、大阪のカトリック教会を拠点にして在留外国人の支援活動をしている「シナピス」というNGOと知り合いました。私たちが考えたのは、シナピスが支援している方々にガウン作りをお願いしよう、そして私たちが預かったカンパを、協力金として彼らにもらっていただこう、というものでした。

話を聞くと、今回のコロナで、彼ら――たとえば難民申請中で仮放免の状態の方、何らかの事情で無国籍の方など――は、完全に「干上がって」しまったとのこと。

五月半ば、シナピス代表の松浦さんからこんなメールが届きました。

「今回、ガウンづくりでお金を手にしたことは、彼らの誇りを守りました。じつは、コロナでどうにもならなくなったとき、一人ひとりにお金を配ったんです。ですが、受け取る人も渡す私たちも、これは苦しいことでした。」

コロナ禍で、私たちはさまざまな困難に直面しています。これまでの日常が変化しています。

でも、そんな中でこそ見えてくる大事なことがある。そんな中だからこそ、できることがある……と、そんなことを思いました。

あとがき――落ち穂を拾う

「あなたがたの土地の収穫を刈り入れるときは、刈るときに畑の隅まで刈り尽くしてはならない。あなたの収穫の落ち穂も集めてはならない。貧しい人と寄留者のために、それらを残しておかなければならない。わたしはあなたがたの神、主である。」

（旧約聖書・レビ記二三章二二節）

福祉施設「からしだね館」を拠点にして、地域で暮らす障害者の支援をしてきました。

こころの病気、精神に障害のある方々の支援というのが、私たちの主な働きです。

といっても、人間の生活というのはそう単純なものではなく、障害者の抱える生活課題は、しばしば家族関係や子どもの問題でもあり、また経済、教育、生活環境の問題であったりします。課題のひとつひとつを辿っていくうちに、先が見えなくなり、いったい私たちは何をしているのだろう？と暗《あん》澹《たん》たる思いに駆られることがあります。多くの場合、なかなか「出口」らしきものが見えないのです。

それでも、日々の働きの中で、ぽつりぽつりと灯りがともるような嬉しい出来事に出会うことができるのもこの仕事です。

いろいろな面で、生きづらい時代になってきた、とつくづく思います。

何十年に一度というような大災害が、日本でも毎年のようにやってきます。温暖化による地球規模の干ばつや異常気象。原因が人間による環境破壊だとすれば、その責任は重大です。大国は覇権を広げ、小さな国や民族は、自立や自由を脅かされています。

一部の力ある者は、時に暴力的とも言えるほど、いとも簡単に国境を超えて富や情報を支配し、独占していきます。その一方で貧しい人々はますます貧しく、虐げられている者はいよいよ窮地に追いやられていく。そんな時代に、私たちは生きています。

対立や分断、格差や差別、貧困や病気、そして孤立……社会にできたひずみは、もろくなった破れのように、徐々に引き裂かれていきます。とりわけ昨年来のコロナ禍によって、その破れはさらに大きくなってしまいました。深刻で複雑な、得体のしれない闇のような何かが、この社会の底には横たわっているような気がします。

「福祉」とは、そんな社会の「破れ」に立って、営々と修復を試みることなのかもしれません。それは当てのない、そして終わることのない旅のようなものです。

破れの中で生きているのは、人間です。神の被造物たる価値高い存在として、一人ひとりが生きている。そのとき、聖書の語る「福音」と「福祉」はどこかで、どうしても交錯するように思うのです。そんなことを考えながら、二〇一八年、『百万人の福音』誌に「福祉と福音」を連載で書かせていただきました。本書は、その記事を中心にまとめたものです。

この二年の間に、からしだね館では、本来の障害者支援の枠を超えてさまざまなテーマに取り組んできました。その一つが、震災や豪雨など災害支援の現場に出向き、現地で出会った被災地救援NGOの方々と協働して立ち上げた、「市民ソーシャルワーカー育成プロジェクト」です。これは、被災地支援の過程でこれまであまり丁寧に扱われてこなかった、被災者の「人間としての尊厳」を軸にした生活支援を、一般市民の力で、ボランティアでやっていこうという試みです。

また、本書でも少し触れましたが、今回のコロナ禍で経済的に「干上がった」(難民認定申請中の)在留外国人の方々に活躍の場を提供し、支援する側に立っていただくというプロジェクトもありました。これら一つひとつが、小さくはあっても、もう一つの「破れ口」に立とうとする試みであったと思います。

旧約聖書の中に、畑の落ち穂は、貧しい人々や寄留者のために残しておかなければならない、という神の命令が記されたところがあります。じつはこれこそ、今の時代の私たちがこころして聴かなければならないメッセージなのかもしれません。

ＩＴ化がどんどん進み、極端なまでに世界がグローバル化し、市場原理はますます幅を利かせている、そんな今の時代です。多様な価値観や生き方は否定され、いつの間にか消えていく。異なるものどうし交わることがなく、社会の襞《ひだ》はなくなる。デジタル化が象徴するような、どこかのっぺりした社会になってきました。成果や実績、効率やスピード、便利さや目の前の利益……それらがあまりにも強調され過ぎている、それは人間の尊厳とは何か相いれない世界です。

落ち穂――それは、残す者にとっても拾う者にとっても、人が善く生きていくための知恵、神の豊かな祝福が隠されているもの。そこにはまた、福祉と福音が重なる何かがある。

いま、そんなことを考えているところです。

前著『一粒のたねから』に続き、今回もいのちのことば社の米本円香さんに、ひとかたならぬお世話になりました。ここに心からの謝意を表します。

二〇二一年　早春

著　者

※Ⅰ初出・『百万人の福音』連載「福祉と福音――日常の〝ただなかにあるもの〟」（二〇一八年一月～一二月号）

坂岡　隆司
さかおか　たかし

1954年、鳥取市生まれ。早稲田大学法学部卒。

公務員、高齢者福祉施設勤務を経て、2005年社会福祉法人ミッションからしだねを立ち上げ、障害者福祉施設「からしだね館」を開設。特に地域で暮らす精神障害者の支援に取り組む。

社会福祉士。精神保健福祉士。社会福祉法人ミッションからしだね理事長。

著書に、『一粒のたねから』(いのちのことば社)がある。

【社会福祉法人 ミッションからしだね】
〒607-8216
京都市山科区勧修寺東出町75
TEL　075-574-2800
http://www.karashidane.or.jp/

聖書 新改訳2017©2017 新日本聖書刊行会

落ち穂を拾う
——福祉と福音

2021年4月25日　発行

著　者　坂岡隆司
装丁・イラスト　Yoshida grafica 吉田ようこ
印刷製本　シナノ印刷株式会社
発　行　いのちのことば社
〒164-0001 東京都中野区中野2-1-5
電話 03-5341-6924（編集）
03-5341-6920（営業）
FAX03-5341-6921
e-mail:support@wlpm.or.jp
http://www.wlpm.or.jp/

ISBN978-4-264-04250-1